AF509411

LA
SENTINELLE JUIVE.

RÉPONSE

A LA

DIX-SEPTIÈME LETTRE

de la

CORRESPONDANCE DITE ISRAÉLITE DE TSARPHATI;

Par A. CRÉHANGE, négociant.

PRIX : 25 CENTIMES.

SE VEND AU PROFIT DE L'HOPITAL ISRAÉLITE PROJETÉ.

PARIS,

CHEZ L'AUTEUR, RUE MESLAY, 41.

1839.

IMPRIMERIE DE D'URTUBIE, BOULEVART POISSONNIÈRE, 4 ter.
Ci-devant, rue St-Pierre-Montmartre, 17.

RÉPONSE

A LA

DIX - SEPTIÈME LETTRE

DE LA

CORRESPONDANCE DITE ISRAÉLITE DE TSARPHATI.

PREMIÈRE LETTRE.

RÉFORME.

On m'a communiqué la 17e lettre de votre *Correspondance dite israélite*, numéro 99 du *Courrier de la Moselle*.

Vous me faites compliment, Monsieur, sur le courage que j'aurais eu de dire au Consistoire la vérité sur les sociétés de bienfaisance et de secours mutuels attaquées dans leur existence. Il n'y a aucun mérite à ce que j'ai fait là. Quand on défend les véritables intérêts sociaux, la Religion et la Charité, il est facile de dire ce qu'on pense à des hommes de cœur. D'ailleurs, le Consistoire nous avait convoqués pour recueillir des avis et non pour recevoir des hommages (1).

Quant à vos complimens, Monsieur, je suis obligé de les refuser, quelque flatteurs qu'ils soient ; mais les principes que vous professez étant diamétralement opposés aux miens, je ne pourrai jamais rendre éloge pour éloge, et en bonne société on ne reçoit de politesses que de ceux à qui on peut en faire.

Sous prétexte de venir en aide aux sociétés de bienfaisance israélites de Paris, étonnées de trouver en vous un auxiliaire, vous faites longuement l'historique des *Minianim* (2). Mais, Monsieur, ce ne sont pas les *Minianim* proprement dits qui sont en cause, ce sont les réunions religieuses des sociétés de bienfaisance, et c'est bien différent. Les Minianim simples, sans aucun but d'utilité publique, peuvent, dans certain cas être interdits. Les réunions dont j'ai pris la défense, ayant pour but la Religion la Charité, doivent toujours être autorisées, encouragées même.

(1) Les avis ont été écoutés, et bien des préjugés ont disparu. Le Consistoire a autorisé les réunions des sociétés pendant les fêtes ; voudra-t-il empêcher que quelques vieillards et quelques pauvres se réunissent pendant l'hiver pour faire leurs dévotions dans des oratoires chauffés aux frais des sociétés ? Assurément non. D'ailleurs il vient de paraître un projet d'ordonnance, attribué au Consistoire central ; il y est dit que tout chef de famille pourra être autorisé à faire une réunion de prières chez lui, et l'on a trop bonne opinion de la justice distributive du Consistoire, pour ne pas être persuadé que le bénéfice de cet article, s'étendra aux réunions des sociétés de bienfaisance, composées de chefs de famille.

(2) Réunion de dix Israélites pour la prière.

Soyez franc, Monsieur ; vous vous êtes emparé de la question pour attaquer le Consistoire et nos institutions, et surtout pour monter sur votre *hobby-horse*, la réforme.

J'ai dit la vérité au Consistoire, souffrez, Monsieur, que je vous la dise ; il faut aimer pour soi ce qu'on aime pour son prochain.

La réforme ! Monsieur, mais où sont vos titres pour en opérer une ? où sont vos travaux ? quels sont vos principes religieux ? quelle est votre morale ? Vous voulez être nos mandataires, nous avons bien le droit de vous adresser des interpellations.

Quand Martin Luther, mécontent de Rome, imagina sa réforme, il travailla nuit et jour à traduire la Bible, puis il dit aux catholiques allemands : « Voilà le » pape, ses mystères et la confession, et voici la Bible, » sa morale et la liberté : choisissez. » Nos Martins que nous offrent-ils en échange de nos institutions ? le NÉANT. Car en vérité on ne peut donner un autre nom à ce protestantisme, moins le Christ, dont ils se font les honteux et pseudonymes apôtres.

Vous, Monsieur, si vous étiez conséquent, vous nous diriez : « Acceptons le baptême, soyons frères en Jé- » sus-Christ et qu'il ne soit plus question de la reli- » gion juive. » Mais vous n'êtes pas conséquent ; vous ne savez être ni de la religion de vos pères, ni de la religion de vos enfans ; que voulez-vous donc ? qui vous inspire ? le *père* ? non ; le *fils,* non, non ; c'est donc le *Saint-Esprit* ? Hélas ! qu'y a-t-il de commun entre le Saint-Esprit et la *Correspondance* dite *israélite* (1)?

A vous tous, Messieurs les réformateurs, hommes sérieux et facétieux pamphlétaires, je vous le dis en vérité, de même que le diamant ne veut être poli que par le diamant, de même la religion ne veut être épurée que par des hommes religieux et vous ne l'êtes pas. Arrière donc !

DEUXIÈME LETTRE.

LIBERTÉ.

Vous demandez la liberté pour tout le monde, Monsieur, pour les réformés comme pour les autres ; mais, mon Dieu ! où sont donc vos chaînes ? La liberté ! mais c'est vous et les vôtres qui voulez la ravir à vos adversaires, et quelle liberté ! la plus précieuse de toute, la liberté de conscience.

Liberté pour tout le monde, dites-vous, et vous poursuivez de vos sarcasmes et de vos ignobles caricatures, ceux qui ne veulent pas être de votre avis.

(1) On dit que M. Tsarphati, pour s'assurer une retraite dans ses combats pour la régénération des Juifs, a placé les siens en réserve sous la protection du canon romain ; s'il triomphe, si les Juifs le proclament leur messie, il reste juif et sa famille retourne à la synagogue ; sinon, non. C'est agir en bon père et en habile tacticien ; mais sainte mère l'Église doit elle être bien flattée de servir de pis-aller à ces Robert-Macaires réformateurs.

Liberté pour tout le monde, dites-vous, et vous voulez que nous fassions nos prières en langues modernes, c'est-à-dire en mille idiômes différens, quand il nous plaît de les faire en hébreu, la langue sacrée qui depuis trente siècles maintient l'union parmi tous les Israélites du globe.

Liberté pour tout le monde, et vous voulez nous forcer d'aller à la prière le dimanche quand il nous plaît d'y aller tous les jours et de préférence le samedi comme faisaient nos ancêtres.

Liberté pour tout le monde, dites-vous enfin, et vous ne voulez pas que nous ayons un hôpital particulier, un hôpital israélite comme il y en a à Londres, à Amsterdam, à Francfort, à Metz, etc., où nos pauvres malades, vieux, jeunes, hommes ou femmes puissent être guéris sans qu'il en coûte à leur conscience, où tous ceux qui y entrent, dévots ou non dévots puissent vivre et mourir libres et sans contrainte dans la religion de leurs pères ; et cependant vous le savez, Monsieur, un hôpital chrétien pour un juif, c'est l'enfer ; sur chacune de ces portes, il lit en entrant ce vers du Dante, gravé en caractère de sang :

Lasciate ogni speranze voi ch'entrate (1).

(1) Je m'empresse de reconnaître, que dans notre belle et bonne France, les malades israélites sont reçus dans les hôpitaux sur le pied de la *plus parfaite égalité* avec les malades des communions chrétiennes. Je sens aussi le besoin de payer mon tribut d'admiration à ces *sœurs* modèles de toutes les vertus ; mais il est des

Si c'est ainsi que vous entendez la liberté, craignez, Monsieur, qu'on ne dise que vous n'êtes pas plus libéral que vous n'êtes religieux.

Eh bien, nous nous y entendons mieux que cela ; écoutez.

Nous avons à Paris une église Chatel, pourquoi n'aurions nous pas une synagogue Tsarphati ? voire même une synagogue A. T. (1). Établissez ces synagogues, Monsieur, et nous, dirons-nous, non seulement liberté pour tout le monde, mais paix à tout le monde ; mieux que cela, nous irons *le dimanche* entendre vos prédicateurs, s'ils ont du talent ; admirer vos cantiques si vous savez en faire de beaux ; nous joindrons même nos prières à celles de vos ouvriers, s'ils prient, et nos offrandes ne manqueront pas à vos quêteuses, surtout si elles sont jolies. Vous voyez, Monsieur, que nous sommes tolérans. Soyez-le donc aussi, et, au nom de la liberté que vous réclamez pour vous, permettez à ceux qui ne sont pas de votre opinion de conserver leurs synagogues, leurs réunions les same-

souffrances qui échappent aux soins les plus attentifs, les plus délicats ; ce sont les souffrances morales, occasionnées par des scrupules religieux, par une conscience timorée et surtout par cette horrible solitude à l'approche de l'heure suprème ! Ce genre de souffrance n'accablerait pas le malade israélite dans un hôpital israélite.

(1) A. T., c'est la signature de la 18e lettre de la *Correspondance* dite *israélite*. Ces initiales ont une consonnance parfaite avec ATHÉE, c'est providentiel ; c'est le doigt de Dieu, qui a marqué de ce signe ce nouveau Caïn, cet auteur de caricatures fratricides.

dis, leurs cantiques et leurs prières, sauf à améliorer ce qui peut l'être sans blesser la conscience de personne et sans toucher à nos institutions fondamentales. Chacun chez soi, chacun son droit (1).

TROISIÈME LETTRE.

SÉPARATISTES. — POPULACE.

Dans votre amour effréné pour la liberté vous maudissez les *Séparatistes*, c'est ainsi que vous qualifiez ces bonnes gens qui veulent vivre et mourir dans la religion où ils sont nés, qui depuis deux mille ans combattent pour la liberté des cultes, et qui ont souffert les plus horribles tortures pour conserver le leur; ceci est peu généreux, Monsieur, et surtout fort peu charitable. Nous sommes *Séparatistes*, mais selon la charte et les lois de notre pays. La charte distingue

(1) La 18e lettre de la *Correspondance* dite *israélite*, gourmande M. Crémieux, qui aurait *promis* des réformes aux libéraux de Metz, et qui ne s'empresserait pas de réaliser ses promesses; nous dirons à MM. les libéraux de Metz, que M. Crémieux n'avait pas le droit de promettre, et n'a probablement rien promis. M. Crémieux est membre laïque du Consistoire central; partant, parfaitement incompétent en matières religieuses. Le talent distingué et le caractère honorable de M. Crémieux lui ont valu la vice-présidence du Consistoire; en cette qualité, sa place est au milieu de l'immense majorité des Israélites de France, et non à la tête, encore moins à la queue de MM. les libéraux de Metz.

notre culte comme le culte protestant du culte ca-
tholique qui est la religion de l'Etat,—de droit léonin.
C'est ainsi que nous sommes *Séparatistes;* mais, comme
vous et peut-être plus que vous, nous voulons l'union
la plus parfaite avec nos concitoyens chrétiens, pour
toutes les charges civiles et militaires. Union à l'armée,
union dans la garde nationale, union au jury, union aux
élections, union avec tous nos concitoyens dans leur
amour pour le Roi et leur respect pour la charte, etc.;
mais séparation, séparation complète pour tout ce qui
touche à la religion; nous ne sommes Israélites qu'à
cette condition, et nous voulons être Israélites. Après
tout, NOUS ne nous sommes séparés de personne, ON
s'est séparé de nous; les transfuges reviendront au
camp; nous sommes aujourd'hui en minorité, c'est
vrai, mais c'est une minorité respectable, au moins;
c'est cette minorité qui disputait encore sa liberté
aux Romains, quand tous les autres peuples étaient
déjà couchés dans la poussière; c'est cette minorité
qui, de l'aveu même de ses ennemis, a porté le flambeau de la littérature et le commerce aux peuples de
l'Occident; cette minorité ne s'est laissé abattre ni par
les bûchers, ni par les massacres, ni par les pillages,
elle s'est moquée des Eisenmänger, des Buxtorff, etc.
Quant à la *Correspondance* dite *Israélite,* elle l'abandonne
généreusement aux épiciers. Auteurs et public peuvent
s'en applaudir, c'est le moyen d'y trouver du sel.

Je reviens aux *Séparatistes,* Monsieur, vous les gra-
tifiez du titre de *Populaciers,* et vous demandez au Con-

sistoire s'il représente la *populace*. Pour un réformateur *religieux et libéral*, ces expressions sont au moins étranges. Vous paraissez avoir lu l'*Ancien* et *le Nouveau Testament*, vous connaissez le *Thalmud* et *l'Évangile*, est-ce ainsi que les Prophètes, les Thalmudistes et les Evangélistes traitaient les pauvres? et, pour me servir d'un exemple du genre **A. T.**, *le plus beau caractère* n'a-t-il pas dit : *Bienheureux les pauvres d'esprit?* mais cela s'explique; Prophètes, Thalmudistes, Evangélistes et *le beau caractère* lui-même, tous étaient charitables; et vous?...

Populace! **M.** Tsarphati pourrait-il bien nous dire où finit le *peuple* et où commence la *populace*. Nous demanderons aussi, si, de par l'intelligente perspicacité de **M.** Tsarphati, un homme était *populace*, ce serait une raison pour que cet homme restât éternellement un paria au milieu de ses frères; assurément non; il est donc juste, humain et libéral de dire que le Consistoire, comme tout autre administration, représente tous ses administrés. Le moyen qu'il n'y ait pas, dans les masses, ce que **M.** Tsarphati appelle de la populace, c'est de faire descendre le goût du travail et l'instruction dans toutes les classes de la Société; or, ceci regarde les *gouvernans plus que les gouvernés*. Prenez, par exemple, le fils du dernier des populaciers, s'il y en a, donnez-lui un morceau de pain, quelques livres, et envoyez-le à l'école, et rien ne s'oppose à ce que ce pauvre garçon ne devienne un jour aussi savant, aussi éclairé, aussi libéral et peut-être aussi poli que M. Tsarphati.

***

QUATRIÈME LETTRE.

LANGUE SACRÉE.—PRIÈRES.

Nos savans réformateurs ont une antipathie toute particulière pour cette noble et pittoresque langue hébraïque; ils veulent absolument l'expulser de nos temples, pour la reléguer dans les collèges, c'est-à-dire dans l'oubli.

Pour comprendre le vandalisme de ceux qui voudraient effacer jusqu'au dernier vestige de notre antique nationalité, il faut remonter à l'origine de nos prières et dire pourquoi elles sont en hébreu.

Lorsque nous étions réunis en un corps de nation, alors que le peuple parlait l'hébreu dans toute sa pureté, l'Israélite n'avait pas de formule de prières; chacun priait, louait, épanchait son cœur devant le Seigneur suivant ses inspirations et les sentimens qui l'animaient; à part nos inimitables psaumes, notre histoire fourmille d'exemples de ce genre. LE PLUS GRAND CARACTÈRE QUI AIT PARU SUR LA TERRE, Moïse, nous laisse le modèle de la prière la plus simple et la plus sublime qui existe, c'est lorsqu'avec cinq monosyllabes il demande à Dieu la guérison et le pardon de sa sœur Miriam.

C'est ainsi que priaient les Israélites avant la dispersion; mais, emmenés captifs par Nabuchodonozor, leurs enfans nés sur la terre étrangère oublient bientôt la langue nationale; ils la corrompent, y mêlent la langue du peuple parmi lequel ils vivent, et puis, lorsqu'ils veulent adresser leurs prières à Dieu, épancher leur douleur dans le sein de la religion ou remercier la Providence qui veille encore sur eux dans l'exil, ils ne trouvent plus dans la langue sacrée assez d'expressions pour rendre leurs pensées. Cependant Esra, voyant la détresse de ses frères assemble le grand synode, et, compose les prières que nous récitons encore aujourd'hui et qui dès-lors furent adoptées par tous les Israélites; ces prières répondent à tous les besoins de l'homme sensible et religieux, et nous ne devons rien y changer (1).

Cependant l'emploi des langues vulgaires pour les prières n'est pas interdit; les Thalmudistes ont dit:

---

(1) *Maimonides (Rambam) Hilchots Thephila.*

Il n'en est pas de même des supplémens ajoutés dans certaines circonstances; tels que les *Selichos*, qui datent du temps des croisades, époque d'affreuses persécutions en Europe et en Asie; les Pioutims composés par des martyrs de la foi et par d'autres hommes pieux, qui, dans les poésies de leur temps, chantaient la gloire de Dieu, les malheurs et les espérances de son peuple.

Ces adjonctions pourraient, sans scrupules, être en partie abandonnées; mais cela ne peut se faire sur la proposition d'un A. T., ce monsieur nous permettra bien de lui faire application de l'anecdote de son Athénien, qu'il applique lui-même si judicieusement au Consistoire (18e lettre).

« Vous pouvez dire le chema, » (la prière par excellence, notre Credo), « en toute langue que vous entendez, » mais individuellement, et ils se sont hâtés d'ajouter « en communauté, vous ne vous servirez que de la langue sacrée ». Pourquoi? Parce que ces pieux patriotes avaient compris la pensée d'Esra, qui, vivant à Babylonne, n'avait cependant pas voulu rédiger les prières en chaldéen, la langue du pays; mais en hébreu, la langue commune à tous les Israélites de tous les pays. «Le trône et l'autel ont disparu,» s'écria le saint homme; « je veux qu'il reste un dernier lien » aux malheureux Juifs. La langue sacrée sera leur drapeau au jour de la Rédemption! » C'est ce lien, cette union, ce drapeau, cette confraternité religieuse et politique qui fait le désespoir de nos bons réformateurs; pour escalader le ciel il leur faut une tour de babel; pour atteindre leur coupable but, il faut isoler les Israélites des différens pays, les diviser, les rendre étrangers les 'uns aux autres. Pauvres petits Machiavels! vous faites pitié.

Si la religion ne nous ordonnait pas de respecter la volonté de nos saints Prophètes, la politique, cet instinct de conservation et de bien-être naturel à l'homme, devrait nous faire désirer de conserver la langue sacrée comme mot de ralliement. On se rappelle cette bataille où des officiers français et anglais ont arrêté le carnage par un signe maçonique; la langue hébraïque est le signe maçonique des Israélites; avec ce signe, cette communauté de langage dans les prières, un Israélite trouve aide et protection aux confins du monde : et vous voulez l'anéantir, ce signe ? insensés !

Qu'il me soit permis, à l'appui de ce que j'avance, de citer un fait qui m'est personnel : près du champ de bataille de Dresde, en 1813, j'ai eu l'indicible joie de sauver la vie à un soldat *ennemi* qui dans sa détresse avait prononcé avec désespoir les mots magiques *Chema Isroël,* dans l'impossibilité de secourir tous les malheureux qui s'offraient à ma vue, j'ai dû borner mon action à celui qui venait de s'adresser à mon cœur avec le langage irrésistible de ma religion; deux mots m'ont suffi pour conserver la vie à un frère, un fils à son père. Je défie tous nos réformateurs de me donner littéralement, l'équivalent de ces deux mots en aucune langue.

Quant à une réforme, nous aussi nous l'appelons de tous nos vœux, mais une réforme morale, et celle-ci doit commencer par les sommités de la Société Israélite. La lumière vient d'en haut ; mais elle ne se manifeste ni par le mensonge, ni par l'hypocrisie, ni par les pamphlets, ni par d'infâmes caricatures, mais par de bons exemples ; vous ne régénèrerez pas le peuple juif en allumant le flambeau qui doit l'éclairer au bûcher des Institutions de Moïse, mais en lui donnant l'exemple du respect pour ces Institutions.